Aus meiner Vorratskammer

Gutes für Herz, Geist und Bauch

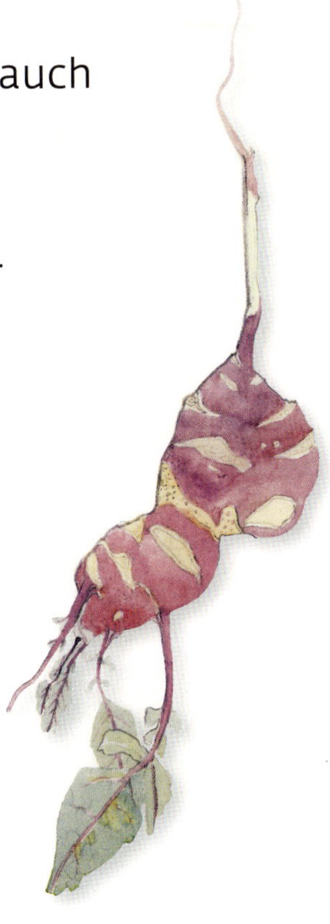

Christa Spilling-Nöker

Liebe Leserinnen und Leser,

vor einigen Jahren begegnete mir eine Frau, die zu ihrem Geburtstag einen wunderschön bemalten Porzellanbecher geschenkt bekam. Daraus möchte ich nicht trinken, dieser Becher ist so kostbar, dass er eine andere Bedeutung erhalten soll, dachte sie. Aber welche? Plötzlich kam ihr eine Idee. Immer, wenn ich etwas Beglückendes erlebe, werde ich eine getrocknete Erbse in ihn hineinlegen. Und am Ende des Jahres will ich zählen, wie viele frohe Augenblicke ich erlebt hatte.

Nun geschah es an so manchen Tagen, dass die Sonne freundlich durch ihre Fenster schien. Doch sie war so tief in ihren Sorgen versunken, dass sie das gar nicht wahrnahm. Und der Becher blieb leer. An den Abenden fragte sie sich, ob sie denn überhaupt keinen Grund hätte, eine Erbse in den Becher zu legen. Traurig und nachdenklich zugleich legte sie sich zu Bett.

Doch eines Morgens sangen die Vögel so lieblich, dass sie davon erwachte. In einer sie selbst überraschenden Heiterkeit stand sie auf, nahm nun auch das wundervolle Morgenlicht wahr und genoss den Frühstückskaffee wie schon lange nicht mehr. Sie war richtig froh und freute sich auf die vor ihr liegenden Stunden. Und wie das Leben so spielt: An diesem Tag warf der Postbote eine Ansichtskarte in ihren Briefkasten. Es war der Urlaubsgruß einer Freundin, mit der sie kaum noch Kontakt hatte. Früher hätte sie die Karte gelesen und dann beiseite gelegt. Jetzt aber betrachtete sie das Foto vom Gardasee ausgiebig und freute sich an den herzlichen Worten. Ich könnte sie eigentlich einmal wieder anrufen,

ging es ihr durch den Sinn. Am Abend träumte sie dem heiteren Tag noch eine Weile nach, bevor sie fünf Erbsen in den Becher gab. Wie schön wäre es, wenn er von Tag zu Tag voller würde, dachte sie. Von nun an wurde sie immer aufmerksamer und wachsamer für Augenblicke des Glücks. Da wuchsen Beeren in ihrem Garten, die so köstlich schmeckten, dass sie beim Ernten und Naschen schier die Zeit um sich herum vergaß. Ich werde von den vielen Früchten eine Marmelade kochen. Meine Nachbarin wird sich sicher über ein Gläschen freuen, ging es ihr durch den Kopf. Und schon wieder purzelten einige Erbsen in den Becher. Die Nachbarin freute sich wirklich sehr, lobte die köstliche Konfitüre über alle Maßen und lud sie spontan zu einem Kaffeestündchen ein. Was gab es da alles zu erzählen! „Solch einen gemütlichen Nachmittag sollten wir bald wiederholen. Und wenn Sie einmal Hilfe brauchen, dann rufen Sie doch einfach an!" Die Nachbarin meinte es ehrlich. An diesem Abend hatte unsere Frau ihre Sorgen völlig vergessen. Und die Erbsen ... Na ja, Sie wissen schon!

Christa Spilling-Nöker

Würze dein Leben täglich
mit einer Prise Humor
und einem Teelöffel voll Vergnügen.
Gib ein Glas Wagemut hinein
und gieße noch einen Becher
Hoffnung dazu.
Rühre alles kräftig durch
und stelle es für eine Weile
an einen sonnigen Platz.
In der Wärme
geht dir das Glück
nach und nach auf
und du darfst vom
Geschmack guten Lebens
dich nähren.

Gesammeltes Licht

Ich wünsche dir
Sonnenstrahlen für den Morgen,
vollen Schein zur Mittagszeit
und den Himmel reich an Sternen,
wenn der Abend kommt.
Möge sich das Licht
von Tag und Nacht
tief in deiner Seele sammeln,
dass du auch in dunklen Zeiten
einen Vorrat
in dir trägst.

Glanz des Tages

Dem Glanz
eines hellen Tages
die geöffneten Hände
entgegenhalten
und ihn bewahren
wie ein Geschenk:
unbezahlbar
und köstlich zugleich.

Zeichen der Hoffnung

Ich wünsche dir,
dass du unterwegs
immer wieder
ein Zeichen der Hoffnung
wahrnimmst,
dass du einen Sonnenstrahl
einfängst,
der dich umspielt –
oder dass du einen Stern
aufliest,
der dir vom Himmel
vor die Füße geweht ist –
um ihn lächelnd
im Herzen
nach Hause zu tragen.

Freude, Frohmut, Lebenslust

Ich wünsche dir
eine Portion Freude,
von der du behaglich
zehren kannst,
einen Teller mit Frohmut,
der deine Lebenslust
genüsslich sättigt,
und einen Becher
voller Zuversicht,
aus dem dich jeder Tropfen
Tag um Tag
mit neuem Tatendurst
erfüllt.

Schale des Lebens

Fülle die Schale deines Lebens
Tag um Tag mit dem Glück
heiterer Stunden,
damit du in betrübten Zeiten
genügend Vorrat hast,
von dem du zehren kannst.

Zarte Pflanze der Liebe

Ich wünsche dir
einen Garten voller Gesundheit,
Beete, reich an Freude,
und einen Blumentopf,
in dem sich die zarte Pflanze
der Liebe entfalten
und Jahr um Jahr wieder neu
aufblühen kann.

Kleine Freuden

Rings um dich herum
wachsen dir täglich
zahllose kleine Freuden zu.
Pflücke sie in dein Herz –
und dein Leben
blüht auf.

Sommerglück

Schmetterlinge,
Blütenduft,
Hummeln, Bienen,
Vogelzwitschern
summt und singt dir
durch die Sinne,
was für Glück
der Sommer doch
tief in seinen
Taschen trägt.

Staunen und Schwärmen

Über die rotgelben
Farben des Sommers
ins Staunen und Schwärmen geraten,
wie sie sich voller Leidenschaft
über Feld und Flur ergießen,
einem Fluss gleich
aus glühendem Feuer und Licht.
An dem fantastischen
Schauspiel entbrennen
und die Sinne hinreißen lassen,
dass das Herz nur so bebt
und sich wie trunken berauscht
an dem faszinierenden Anblick
und der Fülle an Frucht.

Wachsen und werden

Wachsen und werden,
sich ausstrecken
nach dem Licht des Himmels,
Ahnung auskosten
von grenzenloser
Lebenslust.

Wachsen und werden,
sich sättigen
von der Fülle der Erde,
Träume gestalten
in ungebeugter
Schöpfungskraft.

Brot für jeden Tag

Wenn sich die goldenen
Weizenfelder
im Sommerwind wiegen
und ihre Ähren
reich an Körnern sind,
dann weißt du,
dass du
in der kommenden Zeit
um Brot
nicht bangen musst:
was für ein Segen!

Früchte des Sommers

Genieße die Früchte
des Sommers –
die vielen roten Beeren,
die dir an Sträuchern
entgegenwachsen,
die deinen Mund
mit ihrer saftigen Süße füllen
und deinen Gaumen verwöhnen –
und schmecke darin
die heiteren und
sonnigen Stunden
der warmen Jahreszeit.

Ein Marmeladenbrot

Ein Marmeladenbrot
im Winter
lässt dir die Aromen
des Sommers
noch einmal genüsslich
auf der Zunge zergehen.

Pfirsiche,
gelb und rot,
wachsen rund
und prall
an vollen Bäumen.
Welch Genuss,
in sie hineinzubeißen,
welche Freude,
auch im Winter
ihren Saft
und ihre Süße
im Kompott
wieder neu zu
schmecken.

Sonnenstrahlen sammeln

So, wie du im Sommer
die Früchte des Gartens
in Gläser füllst und
einweckst,
um im Winter einen Vorrat
an ihnen zu haben,
so sammle die Sonnenstrahlen,
die dir im Lauf des Jahres
geschenkt werden,
in deinem Herzen,
damit du sie in kalten Zeiten
aufwecken
und dich an ihnen
wärmen kannst.

Schreibe dir jeden Abend
all die beglückenden Augenblicke
auf einen Zettel, die du erlebt hast,
und gib sie in ein Weckglas.
So kannst du in den dunklen Zeiten
auf einen Schatz lichter
Erinnerungen zurückgreifen.

Lust auf Leben

Kirschen
leuchten dunkelrot
in klaren Gläsern,
machen Lust zu Naschen
und verlocken dich dazu,
auch das Leben neu zu kosten,
sodass seine Kraft und Süße
dein Herz höher
schlagen lässt.

Nüsse ernten

Nüsse,
vom Strauch gefallen,
aufsammeln
und reifen lassen,
damit die Winterwochen
beim Krachen der Schalen
und dem lustvollen Verzehr
der knackigen Kerne
ihre eigene behagliche
und gemütliche
Atmosphäre bekommen.

Kern des Lebens

Immer wieder einmal
Herausforderungen suchen,
die einen ganz in Anspruch nehmen,
an denen man knacken muss
wie an der Schale einer Nuss.
Das Gelingen aber
berauscht die Seele,
als würde sie
in den Himmeln tanzen,
und lässt den Kern des Lebens
wohlschmecken.

Säen und ernten

Heute möchte ich
die Samen meines
übermütigen Vergnügens
tief in der Erde versenken,
in der Hoffnung,
dass sie darin aufgehen
und mir auch
in der Zukunft
Früchte der Freude
wachsen lassen,
damit sich mein Verlangen
nach Frohsinn langfristig
sättigen kann.

Wahrer Reichtum

Jedes gute Wort,
jeder liebevolle Gedanke,
jeder herzliche Gruß
ist wie eine goldene Frucht,
die dir vom Baum des Lebens
in den Schoß fällt –
denn einen größeren Reichtum
wirst du nirgendwo
finden.

Tipp: Zünde für jedes gute Wort, das dich findet, eine Kerze an. Dann wird dir in deiner Wohnung immer wieder einmal ein Licht leuchten.

Beflügelnde Worte

Heute haben mir
Menschen gesagt,
wie wertvoll meine Arbeit ist
und wie wichtig ich
im Lauf der Jahre
für sie geworden bin.
Der Dank meines Herzens
hat sich darüber
zum Himmel erhoben,
sodass ich beflügelt
in den kommenden Tag
aufstehen kann.

Dankesworte

Dankesworte –
wie kleine Sonnen
durchkreisen sie mich.
Enttäuschungen
schweigen
im fahlen Schatten
der Nacht –
die Zukunft
träumt sich
voll Licht.

Lobworte

Lobworte –
wie Lorbeerblätter
mögen sie dich
umkränzen
und dir sagen,
dass dein Wirken
kostbar
und du selbst
einmalig bist.

Freundschaftsworte

Jedes Mal, wenn mir
ein Mensch sagt,
dass er mich gern hat
und dass ich wirklich
wichtig für ihn bin,
geht mir ein Fenster
zum Himmel auf:
Alles wird plötzlich
licht und leicht,
und ich spüre tief
in meinem Herzen
einen Flügelschlag.

Mutworte

Von
irgendwoher
wird es dir
entgegenkommen:
Es wird dir
aus einem Brief
fallen,
sich aus einem Buch
lösen
oder sich sanft
in deine Seele
flüstern:
das Wort,
das dich stärkt,
um dich wieder
aufzurichten
und stolz auf dich
zu sein.

Liebesworte

Wenn ein Mensch
JA zu mir sagt,
klettert die Hoffnung
mit grünen Ranken
zum Himmel
empor.
Dort verfängt sie sich
in den Wolken
und ergießt sich mir
als goldene,
überströmende Freude
ins Herz.

Versöhnliche Worte

Vergebung:
Ein Wort nur,
und die Schuld fällt
in einen
dunklen Graben –
die Seele erhebt sich,
sie singt
von Erlösung –
und das Herz
atmet auf.

Segensworte

Mögen sich
himmlische Worte,
geboren
aus dem Geist
der Liebe
und einer
unfassbaren
Barmherzigkeit
und Güte,
über dich ergießen,
damit der Grund
deines Lebens
anschwillt
zu Quellen
der Kraft.

Trostworte

Wie Blätter
von einem Baum
mögen sie dir
zuwehen
von allen Seiten:
Trostworte,
die sich sanft
auf deine Wunden
legen
und deinen Schmerz
heilen lassen.

Lichtworte

Lichtworte,
vom Himmel
gefallen
wie kleine Sterne:
Sie wollen dir
den Weg weisen
zu dem Ort,
an dem du dich
umwärmt, heimisch
und geborgen
fühlst.

Möge dich die Lebenslust
an die Hand nehmen
und dir den Weg
zu einem Garten weisen,
in dem du die Früchte des Glücks
in einem großen Korb sammeln
und ihre Süße mit jedem Biss
auskosten kannst.

Zauber der Verwandlung

Der Tag,
so trübe begonnen
mit den Nebeln,
in den Bäumen verfangen
wie graue Schleier,
riss doch noch auf:
Sonne fällt
durch die Wolken
wie gesponnenes Gold,
lässt dich staunen,
dass die Welt sich
in wenigen Stunden
verwandeln kann.

Harmonie und Frieden

Möge der Segen,
der die Natur durchwebt
wie ein Gespinst aus Licht,
auch dein Leben
mit Harmonie und Frieden
durchleuchten,
damit die Quelle der Freude
auf dem Grund deines Herzens
Tag für Tag
sprudeln kann.

Herzensmelodie

Der Melodie
des Herzens folgen,
ihr mit leichtfüßigen
Schritten
einen Tanz schenken
und in sich selbst
die Göttlichkeit
des eigenen Lebens
umarmen.

Himmelstöne

Sich den wohligen Klängen
der Musik hingeben,
die das Herz erwärmen –
sie im Körper
spürbar werden
und mitschwingen lassen,
sich dabei mehr und mehr
von sich selbst lösen,
sodass die Seele hoch
zum Himmel fliegt.

Träumen

Stille einatmen,
die Träume
in den Räumen
ausbreiten
und darauf hoffen,
dass morgen
zwischen den Sternen
Rosen blühen.

Innehalten

Innehalten,
bei sich selbst
einkehren,
den Tönen
nachspüren,
die aus dem Licht
perlen,
und sich
einschwingen
in den
Wohlklang
des Schweigens.

Gesättigtes Leben

Ich wünsche dir,
dass du jeden Abend
gesättigt bist
an Leib und Seele:
dass du genießen konntest,
was auf dem Tisch
zum Essen bereitstand,
und dass du in der Nacht
auf tausend Sternen
gebettet bist.

Eine Handvoll Licht

Nimm noch eine
Handvoll Licht
mit in dein Haus,
bevor es Abend wird,
damit dich die Nacht
nicht in völliger Finsternis
überkommt.

Wunder

Das Abendrot
sinkt
in die Nacht.
Vertraue
dem Himmel:
Das Wunder
träumt
in den Zweigen.

Voller Hoffnung

Nachts
die Träume
wachküssen,
die in den Kissen
schlafen,
sich vom Gespinst
ihres Zaubers
umgarnen lassen
und ahnen,
dass die Bäume noch
voller Hoffnung
hängen.

Stille erlauschen,
dem Mond
sein Schweigen gönnen,
wenn der Nachtwind
durch die Baumwipfel streicht.
Aufatmen,
sich selbst spüren
und darin Ewigkeit schmecken,
in jedem Augenblick
der verrinnenden Zeit.

Leben aus der Fülle

Ich wünsche dir
ein Haus mit viel Licht
und einen Ofen
voller Feuer.

Ich wünsche dir
Bäume, reich an Frucht,
und Körbe,
satt an Ernte.

Ich wünsche dir
Leben aus der Fülle
und Dank
für die Gnade.

Was für ein Segen

Gott segne dich und fülle dein Herz
und deinen Tisch und dein Haus
mit dem, was du zum Leben brauchst,

und lasse dich zum Segen werden für die,
die bedürftig sind,
dass du ihnen das Herz
und den Tisch und das Haus
füllst mit dem,
was ihre Not wenden kann.

Die Texte in diesem Buch stammen von **Christa Spilling-Nöker.** Sie ist 1950 in Hamburg geboren, Dr. phil., Pfarrerin der badischen Landeskirche a. D. und lebt als freie Schriftstellerin in Karlsruhe. Sie hat eine tiefenpsychologische Zusatzausbildung.

Zur Künstlerin:

Das Umschlagbild und die Illustrationen im Innensteil stammen von **Gudrun Gaube.**
Sie studierte an der Hochschule für Kunst und Design in Halle/Burg Giebichenstein, an der Hochschule für bildende Künste in Dresden und in Budapest. Viele Jahre arbeitete sie als Porzellandesignerin in der Porzellanmanufaktur Meißen und beteiligte sich an internationalen Ausstellungen. Als freischaffende Künstlerin hat sich Gudrun Gaube in Meißen ein eigenes Atelier eingerichtet. Dort entstehen immer wieder neue Ideen, die man auf ihrer Webseite www.gudrun-gaube.de oder in ihrem offenen Atelier anschauen kann.

Bibliographische Information der Deutschen Nationalbibliothek:
Die Deutsche Nationalbibliothek verzeichnet diese Publikation in der Deutschen Nationalbibliographie; detaillierte Daten sind im Internet über http://dnb.d-nb.de abrufbar.

ISBN 978-3-86917-247-7

Im Alten Rathaus/Hauptstr. 37
D-79427 Eschbach/Markgräflerland

www.verlag-am-eschbach.de

Gestaltung, Satz und Repro: Angelika Kraut, Verlag am Eschbach
Schriftvorlagen: Ulli Wunsch, Wehr
Herstellung: Süddeutsche Verlagsgesellschaft Ulm

Manufakt

Dieser Baum steht für klimaneutrale Produktion, umweltschonende Ressourcenverwendung, individuelle Handarbeit und sorgfältige Herstellung.